SUR

L'ASSOCIATION,

L'ÉCONOMIE POLITIQUE

ET LA MISÈRE;

POSITION DU PROBLÈME DE LA MISÈRE,

OU

CONSIDÉRATIONS SUR LES MOYENS GÉNÉRAUX D'ÉLEVER LES CLASSES PAUVRES
A UNE MEILLEURE CONDITION MATÉRIELLE ET MORALE.

PAR M. JOSEPH GARNIER.

EXTRAIT DU N° 58 DU JOURNAL DES ÉCONOMISTES.

PARIS.

CHEZ GUILLAUMIN ET C°, LIBRAIRES,

Éditeurs du *Journal des Économistes*, de la *Collection des principaux Économistes*,
du *Dictionnaire du Commerce et des Marchandises*, etc.,
Rue Richelieu, 14.

1846

TABLE.

Page 32, deuxième alinéa, ligne 3, *au lieu de :* la réponse ne peut être affirmative, *lisez :* ne peut être qu'affirmative.

C.

Imprimerie de HENNUYER et Cᵉ, rue Lemercier, 24. Batignolles.

POSITION

DU

PROBLÈME DE LA MISÈRE;

CONSIDÉRATIONS SUR LES MOYENS LES PLUS EFFICACES D'ÉLEVER LES CLASSES PAUVRES
A UNE MEILLEURE CONDITION MATÉRIELLE ET MORALE [1].

I.

L'Académie des sciences morales et politiques a mis au concours,
d'abord pour 1843, ensuite pour 1845, et au sujet du prix quinquennal fondé par M. Félix de Beaujour, la question suivante : *Rechercher quelles sont les applications les plus utiles qu'on* PUISSE *faire*

---

[1] Peu de temps après son rétablissement, l'Académie des sciences morales et politiques
dut à l'intelligente libéralité de feu M. Félix de Beaujour, de pouvoir disposer d'un
prix quinquennal de cinq mille francs pour une des nombreuses questions qui se rattachent au vaste problème de la misère.

Par la première question mise au concours, l'Académie demandait en quoi consiste la
misère ; par quels signes elle se manifeste en divers pays ; quelles sont ses causes.

Vingt-deux Mémoires furent présentés à ce concours, annulé une première fois et
remis à 1839. Trois Mémoires furent alors distingués par la Commission : celui d'Eugène Buret, qui était un fragment de l'ouvrage qu'il a publié peu de temps après (*De la
Misère des classes laborieuses en France et en Angleterre,* 2 vol. in-8°); un second Mémoire,
qui fut remarqué pour le nombre des recherches qu'il contenait ; et enfin un travail de
M. Moreau Christophe, inspecteur général des prisons. L'Académie partagea le prix
entre les auteurs de ces Mémoires.

Dans le second concours, l'Académie des sciences morales a d'abord voulu qu'on recherchât les applications les plus utiles du principe de l'association volontaire et privée,
pour soulager la misère.

Ce concours était indiqué pour 1843. Vint-cinq Mémoires furent présentés à cette
époque, mais la Commission crut devoir prolonger le concours de deux ans et modifier
le programme. L'Académie ne demanda plus le soulagement de la misère par l'association, mais bien les moyens généraux d'élever les conditions des classes pauvres. Vingt
concurrents répondirent à ce nouvel appel. Je fus de ce nombre.

L'honorable M. Passy, rapporteur de la Commission, a fait à mon travail l'honneur de
le signaler en première ligne à côté de celui de M. A. Clément qui vient de refondre son
Mémoire et de l'augmenter considérablement dans son beau volume intitulé : *Recherches
sur les causes de l'indigence.* C'est à ce titre que j'ose le publier à peu près textuellement.
Mais qu'il me soit permis de dire qu'au moment où j'ai eu connaissance du programme
de l'Académie, et où je me suis décidé à concourir, je n'avais plus que quelques jours pour
écrire mon Mémoire, et d'expliquer ainsi la brièveté que m'a reprochée M. Passy. Il est
vrai que depuis j'aurais pu refaire mon travail ; mais il n'aurait plus été une pièce du
concours, et j'ai voulu lui laisser ce caractère en présence du jugement de l'Académie.

du principe de l'association volontaire et privée au soulagement de la misère.

Cette question n'est suivie d'aucun programme, dans l'imprimé distribué en séance solennelle, le 25 mai 1844. Nous avons donc pu croire que l'Académie s'en référait, pour développer sa pensée, au grogramme inséré à la suite de la même question, dans l'imprimé distribué l'année précédente, le 27 mai 1843. En effet, il est expliqué dans ce programme comment aucun des vingt-cinq premiers concurrents n'a mérité l'approbation de l'Académie. Les uns s'en étaient trop tenus « au sens *littéral* de la question », et tous leurs efforts « n'avaient abouti qu'à formuler des organisations plus ou moins bien entendues de bureaux de bienfaisance et de charité » ; — ceux dont les Mémoires avaient été conçus plus hardiment s'étaient précisément égarés dans le champ de l'utopie ; un petit nombre enfin, quoique renfermant une réfutation savante des idées dites *socialistes*, n'avaient pas, aux yeux de l'Académie, une notion suffisante des lois de ce monde.

Le désir de l'Académie était donc, en remettant la question au concours : qu'on ne l'entretînt plus de bureaux de bienfaisance et de charité ; que l'on continuât à combattre l'aberration du socialisme ; et, qu'avant tout, on voulût bien ne pas méconnaître les vérités acquises à la science.

En outre, et pour encourager toutes les bonnes volontés, même les plus hardies, le programme disait en finissant : « Il se pourrait que plu-
« sieurs des concurrents ne se soient pas sentis assez à l'aise dans les
« limites, en apparence étroites, où le programme pouvait paraître
« les renfermer. Peut-être marcheront-ils d'un pas plus ferme et plus
« sûr, en sachant qu'ils ont toute latitude. L'Académie n'ignore pas
« que, PARMI LES MOYENS DE SOULAGER LA MISÈRE, LES PLUS EFFICACES
« SONT CEUX QUI TENDENT A ÉLEVER LES CLASSES PAUVRES A UNE MEILLEURE
« CONDITION MATÉRIELLE ET MORALE ; elle laisse donc le *champ libre* aux
« recherches, et engage les concurrents à prendre d'aussi haut et
« d'aussi loin qu'ils le croiront nécessaire à la justification de leurs
« doctrines, le sujet qu'elle les appelle à traiter de nouveau. »

Ainsi l'Académie, tout en maintenant l'énoncé quant à la forme, en a grandement élargi le fond, et il ne s'agit plus tant d'apprécier la mesure des ressources de l'association contre l'indigence, que de formuler une bonne fois dans quelle voie l'esprit humain doit aller à la recherche des seuls moyens vraiment efficaces d'améliorer le sort des classes pauvres, au physique et au moral.

Si nous avons bien compris l'intention de l'Académie, nous pourrions lui répondre en très-peu de mots :

Toutes les branches des connaissances humaines ont pour but, en dernière analyse, l'amélioration physique et morale du genre humain. Les unes tendent plus particulièrement à l'amélioration morale ; mais il n'en est pas une seule qui n'ait une action simultanée sur ces deux résultats. Cependant, au nombre de toutes ces sciences, on en voit une qui, depuis un siècle, s'est, plus spécialement que toutes les autres, donné pour mission de rattacher en corps de doctrine les recherches faites en vue de découvrir la nature des choses dans tout ce qui concerne la production de la richesse générale, de découvrir aussi le fondement de cette nature des choses dans la distribution équitable de la richesse, afin que tous les hommes soient aussi heureux que possible au point de vue matériel, et puissent, à l'abri de la faim, et à l'aide d'une honnête aisance, participer aux joies que font naître en ce monde la religion et la poésie, la philosophie et les sciences, les arts et l'industrie, c'est-à-dire le travail intellectuel et physique de tous les membres de la grande famille humaine. Cette science, avons-nous besoin de la nommer? c'est l'*Économie politique*. Son programme répond en tous points à la question de l'Académie. Ce n'est donc pas aux savants membres de l'Académie des sciences morales que nous voulons répondre, ni même à ceux qui, hors de son sein, comprennent la portée de la science économique. Nous avons voulu, dans une exposition succincte, ramener l'étude des améliorations sociales sur le seul terrain où nous croyons qu'il soit possible de les trouver.

Nous traiterons d'abord de la recherche d'une formule générale d'association; nous établirons ensuite que l'économie politique répond tous les jours davantage à la question posée par l'Académie des sciences morales et politiques, et nous nous résumerons en indiquant quels sont les seuls moyens généraux, directs et efficaces de combattre la misère.

II.

DE LA RECHERCHE D'UNE FORMULE GÉNÉRALE D'ASSOCIATION.

La science du travail avance lentement. Deux systèmes d'études conduisent au progrès avec des moyens différents : d'abord les recherches philosophiques et purement spéculatives, quand elles ne se perdent pas dans le vague, semblables au fleuve qui voit ses eaux absorbées par le sable; ensuite l'observation patiente et éclairée des résultats que peuvent donner les diverses combinaisons, plus nombreuses qu'on ne pense, des associations usitées parmi les hommes. Mais ce dernier travail, nous ne le croyons possible qu'après avoir parcouru plusieurs contrées de l'Europe avec la persévérance et la conscience qu'ont déployées pour d'autres recherches deux membres de l'Académie, MM. Villermé et Benoiston de Châteauneuf. Nous nous bornerons donc ici, et pour mémoire, à une énumération de combinaisons qui ont été et qui sont en expérimentation; telles que : 1° les associations définies par le Code civil et par le Code de commerce, avec une tendance remarquable au développement de la société en commandite, assez peu connue pour que les Chambres aient reculé devant la difficulté d'une loi sur la matière; 2° un grand nombre d'entreprises d'associés qui rentrent légalement dans les associations qui sont inscrites au Code, mais qui peuvent néanmoins renfermer des germes féconds, que les circonstances n'ont pas fait éclore; comme des associations d'entrepreneurs, d'ouvriers entre eux, de maîtres et d'ouvriers, etc. [1]; 3° les associations des cultivateurs, analogues à celles du Jault, dans la Nièvre, dont M. Dupin aîné a rappelé l'existence dans ces derniers temps; 4° les essais fameux de M. Owen à New-Lanark, en Écosse, et à New-Harmony, en Amérique, capables de fournir plus d'un enseignement; 5° les communautés des frères Moraves et les communautés religieuses analogues; 6° les institutions de prévoyance, de secours mutuels, etc., et toutes les autres associations possibles, dans lesquelles des associés se réunissent pour produire, pour former des capitaux, pour consommer, ou pour prendre des mesures en vue de l'avenir.

Après avoir fait ce volumineux et pénible relevé de statistique sociale, on aurait, nous le croyons, pu répondre au vœu de l'Académie, si elle eût demandé de rechercher les applications pratiques les plus utiles qu'on *fait* du principe de l'association volontaire et privée au soulagement de la misère. Mais elle avait demandé de rechercher quelles sont les applications qu'on *puisse faire*, et il n'en a pas fallu davantage pour lui attirer ces nombreux projets de systèmes nouveaux, devant tous, plus ou moins, contenir la panacée universelle.

Toutefois, en admettant qu'on eût fait une complète réponse à la première question de l'Académie, en admettant que l'on connût tous les procédés sociétaires imaginés par l'intérêt particulier, et que l'on eût fait le relevé bien exact de tous les travaux où ils sont employés; en admettant même que l'on reconnût celui des deux, de l'intérêt particulier ou de l'esprit philosophique, qui a le plus fait dans cet ordre d'idées, cette connaissance, fort utile sans doute, ne serait pas suffisante pour mesurer les ressources qu'on attend de l'association, car nous croyons qu'on manque encore de beaucoup trop d'éléments pour résoudre le problème.

Et d'abord, admettons, par hypothèse, le globe couvert d'associations du meilleur système. On a prétendu que la concurrence disparaîtrait *ipso facto*. L'erreur est manifeste; la concurrence se fera entre associations, plus redoutable encore qu'entre individus, comme elle se fait entre les associations actuelles, les localités, les nations, les continents. Cette lutte est nécessaire, elle est féconde, on l'a démontré

---

[1] Voyez dans le *Journal des Économistes*, n° 47, tome XII, page 236, un discours de M. Cieszkowski sur les moyens d'améliorer le sort des ouvriers des campagnes; et dans le livre de notre bien regrettable ami Th. Fix, *Observations sur les classes ouvrières*, le chap. IV, 2° partie, dans lequel l'auteur passe en revue les divers modes d'association et d'encouragement appliqués par les entrepreneurs vis-à-vis des ouvriers ou par les ouvriers entre eux.

cent fois : nous tenons en ce moment cette assertion pour acquise à la science, et comme elle n'est d'ailleurs pas le but du présent Mémoire, nous renvoyons à tous les économistes, et surtout à un Mémoire dans lequel M. Dunoyer établit que le système de la libre concurrence, bon ou mauvais, n'existe réellement pas encore ; qu'on lui attribue bien à tort les maux de l'espèce humaine, qui ont d'autres causes[1]. Nous ne voulons donc pas nous préoccuper ici spécialement des avantages ou des inconvénients de la liberté qui amène bien moins les désastres de la concurrence effrénée que les monopoles ; nous ne voulons même pas chercher à savoir les effets de l'*association* à cet égard ; mais nous voulons pénétrer plus avant qu'on ne l'a fait dans les idées que soulève ce mot *formule*, qui a servi à résumer beaucoup trop d'espérances.

La Fontaine et Ésope ont dit dans la fable du *Vieillard et ses Enfants* :

« Toute puissance est faible, à moins que d'être unie. »

M. l'abbé de Lamennais, dans son éloquent pamphlet[2], raconte la parabole de ces voyageurs qui, n'ayant pu soulever séparément un rocher qui leur barrait le chemin, purent détourner l'obstacle en s'avisant de *réunir* leurs efforts. La Convention avait écrit sur l'une de ses monnaies : « L'union fait la force. » — C'est là un dicton populaire, également vrai dans le domaine de la production : les hommes, en associant leur travail et leurs capitaux moraux ou matériels, produisent bien davantage ; c'est évident. Les hommes qui sauront s'associer de manière à ce que chaque instrument de travail soit récompensé suivant les lois de la justice distributive, se trouveront dans les meilleures conditions possibles. C'est encore évident.

La difficulté absolue serait donc dans une formule complète d'association naturelle, c'est-à-dire praticable et acceptable ; voilà le problème à résoudre, et que nous tenons pour insoluble.

Jusqu'à présent, les socialistes de toutes les nuances n'ont proposé que des formules dans lesquelles les meilleurs esprits de notre temps n'ont vu, avec M. Dunoyer que nous citions tout à l'heure, que des folies ou des injustices, ou bien encore des attentats à la liberté, à l'égalité, à la famille, à la propriété. Il faut donc que ces socialistes transforment complétement le bon sens public, et qu'ils montrent que ces folies ne sont que l'expression de la véritable raison, que les injustices qu'ils proposent sont l'expression bien plus réelle de la justice dans ce bas monde, que la société a fait fausse route en réclamant la liberté religieuse, la liberté politique, la liberté industrielle et commerciale,

---

[1] *Journal des Économistes*, tome I, page 1 et 129. Ce Mémoire se trouve aussi dans l'ouvrage publié récemment par M. Dunoyer et intitulé : *De la liberté du travail*. Voyez tome I, page 408.

[2] *Paroles d'un Croyant.*

enfin, que le principe de propriété est subversif d'un ordre social bien entendu. Nous savons qu'ils croient avoir prouvé tout cela, et nous savons que plus d'une belle intelligence, surexcitée par ces doctrines, a eu le vertige ; mais, avant de demander un nouvel examen impartial à tous les esprits élevés et sympathiques pour juger un appel en cassation, il suffit de constater la diversité des propositions de chaque école, leur critique réciproque, l'absence de lien pour coordonner soit les idées des maîtres et fondateurs, soit celles de leurs disciples, qui ne sont, pour la plupart, que des néo-fondateurs d'une autre doctrine , pour voir qu'il n'y a pas lieu, quant à présent, de se préoccuper, ni publiquement, ni politiquement, ni pratiquement de leurs formules, résumant en mots pompeux et vides de sens beaucoup d'idées creuses et de propositions disparates.

Pour nous, conformément aux sages réflexions de l'auteur du programme de l'Académie, nous ne chercherons pas, à notre tour, la formule générale et absolue d'association entre les hommes dans le sens synthétique que semblent avoir suivi jusqu'à présent les inventeurs en ce genre. Mais nous pouvons établir ici quelques circonstances du programme à remplir pour se rapprocher au moins de la solution de cette question, pour longtemps encore destinée à jouer le rôle de pierre philosophale sociale.

Nous venons de poser en principe que les hommes, en s'associant de manière à ce que chaque instrument de production (le travail, la terre, le capital) soit récompensé suivant les lois de la justice distributive, se trouveraient dans les meilleures conditions possibles. Si, comme nous le pensons, cette proposition ne peut être contestée, il reste à savoir quelles sont ces lois, qui ne peuvent être que conformes à la véritable nature des choses. Il reste à savoir, en d'autres termes, à quelles conditions on doit posséder deux des instruments (la terre et le capital), et quelles sont dans les produits les parts revenant aux possesseurs de chacun des trois instruments. Or, cette seconde question reste la même, disons-le tout de suite, quelle que soit la constitution de la propriété de la terre ou du capital, que cette propriété appartienne à l'individu ou à une réunion quelconque, la commune ou l'Etat, par exemple, qu'on a souvent proposé de rendre propriétaires exclusifs. D'ailleurs, grâce à la notion économique qui a pénétré dans la discussion des questions sociales, la propriété n'est plus considérée comme de droit divin, mais d'institution humaine ; la société en modifie tous les jours la constitution suivant ses besoins, et ces modifications sont d'autant plus légitimes, qu'elles se rapprochent plus du point culminant de l'intérêt général.

Mais, abstraction faite de la possession de la terre et du capital, qui sont des propriétés, c'est-à-dire des questions à part, peut-on dire seulement en vertu de quelle loi les divers travailleurs, savants, artistes, manouvriers, etc., doivent s'organiser pour les travaux délicats ou grossiers, faciles ou compliqués, attrayants ou répugnants? Cette question, évidemment, doit être vidée avant de songer à la formule générale d'association. Et ici nous demandons la permission de rappeler quelques-uns des modes qu'on a proposés, non pas tant dans le but de les combattre, car ce n'est pas la question, que parce qu'ils vont nous servir à appuyer des principes et des observations qui nécessiteraient une forme trop métaphysique, et que nous craindrions de produire avec obscurité.

Une des écoles socialistes [1] admet que dans une phalange de 1,800 à 2,000 individus normalement élevés en dehors des langes de la civilisation actuelle, il y a une quantité suffisante d'associés attirés *passionnément* vers tous les travaux que les hommes ont besoin d'entreprendre. Cette école a des procédés pour favoriser le développement de toutes les passions qui doivent engendrer ces attractions en quantité suffisante, harmonique et *engrenée*, suivant une expression qu'elle affectionne.

Une autre école [2], dont la doctrine, à peine entrevue, ne s'est pas en définitive nettement formulée, et dont le costume a beaucoup trop nui aux idées économiques, pensait que les travailleurs peuvent se grouper d'eux-mêmes, selon leur capacité et leur aptitude, par amour de l'ordre, de la hiérarchie et du prêtre qui est, par hypothèse, le plus capable, le plus sympathique des hommes.

Les partisans d'une grande usine sociale ou de tout autre système d'ateliers nationaux, dans lesquels le pouvoir exécutif serait le directeur plus ou moins suprême de la production [3], et aurait, par ses ramifications administratives et bureaucratiques, une action incessante sur le travail des citoyens, les partisans d'un pareil système, disons-nous, comptent sur l'intégrité et la capacité de ce pouvoir pour classer les travailleurs, faisant appel les uns à la science infuse des gouvernants, les autres s'en fiant au jeu de l'élection même, pour la désignation des travaux et le choix des contre-maîtres.

Plus que tous les autres, la nombreuse famille des communistes et catholico-socialistes fait appel au dévouement et en proclame la fécondité sociale.

Quelles illusions!! Ne tombe-t-il pas sous le sens qu'il y aura toujours bien plus d'hommes qui, si on ne consulte que leurs attractions, ou si l'on s'en fie à leur dévouement, préféreront sacrifier à la contemplation, aux beaux-arts ou aux charmes de la conversation, que de ceux qui voudront se courber sur la terre, se hâler au soleil, se mouiller à la pluie, faire les semailles, rentrer les récoltes, endiguer les fleuves, traverser les mers, ou bien encore s'enfermer pour tisser

---

[1] Celle de Fourier.
[2] Celle de Saint-Simon.
[3] Comprenant l'école réglementaire et une infinité d'autres.

et se livrer aux fatigues des arts utiles? C'est là une objection générale à tous les plans socialistes, depuis ceux que Malthus combattait dans les écrits de Condorcet, de Godwin ou d'Owen, jusqu'à ceux qui se sont produits de nos jours; objection qui est bien certainement l'expression de tout ce que les faits relatifs à la nature de l'homme ont eu de constant et d'universel.

Mais les socialistes méconnaissent bien d'autres lois.

Il faut que l'homme soit libre. C'est là une grande difficulté, quand on veut organiser; nous le concevons bien. Malheureusement, cette liberté est dans la nature des choses ; quand on la viole sur un point, elle fait explosion sur un autre. C'est une force qu'il ne faut pas méconnaître; qu'il faut, au contraire, savoir utiliser.

Si l'homme est libre, il faut qu'il puisse aller d'un bout de la terre à l'autre, et s'occuper de ce qui lui conviendra, libre et responsable, travaillant selon ses désirs, mais à ses risques et périls. Pour que sa liberté soit légitimement limitée, il ne doit être tenu d'y renoncer que dans le cas de force majeure, ou lorsque l'intérêt général l'exige. Ainsi, il comprendra que, faute de voies de communication, il ne peut, malgré sa liberté, traverser l'Afrique ; et que c'est dans l'intérêt général que la terre et les capitaux ne sont pas à tous. Mais il réclamera avec justice que l'on travaille constamment à perfectionner les voies de communication qui doivent augmenter sa liberté, et que la terre et les capitaux soient constitués en propriétés, de la manière la plus utile à tous.

Ils violent aussi la liberté ceux qui ont proposé de revenir aux corporations, avec plus ou moins de réserve, et de discipliner tous les travailleurs, comme le sont encore ceux de quelques professions. Dans un pareil système, il y a toujours deux choses impossibles à faire : classer les industries et n'en permettre l'accès qu'à certaines conditions. Dans l'état actuel des découvertes chimiques, mécaniques et autres, le classement des industries est purement et simplement impraticable ; quant à l'apprentissage forcé, c'est une tyrannie sans compensation. Nous procédons par affirmation, l'espace nous manque pour démontrer ; mais, au surplus, les incrédules seraient satisfaits en lisant Adam Smith, J.-B. Say et bien d'autres qu'il est inutile de citer après ces grands noms. On a voulu trouver dans ce système, comme dans toute autre association en général, un remède à la concurrence. Le résultat serait incontestable ; mais on avouera qu'il n'améliorerait assurément pas la condition de ceux qui resteraient en dehors des corps constitués et qui enfonceraient bien certainement la porte pour entrer.

Non-seulement les hommes doivent être libres, mais ils sont égaux, autrement toutefois qu'à la manière des communistes, qui consacrent l'inégalité la plus choquante en mettant l'homme prudent, laborieux et vertueux à la merci de celui qui n'a ni prudence, ni vertu, ni courage. Les hommes sont égaux devant Dieu, le christianisme l'a révélé ;

ils sont égaux devant la loi, la Révolution a posé ce principe ; ils doivent être égaux dans le domaine du travail, l'économie politique recherche les fondements de cette vérité et les moyens d'en faire l'application. Les hommes sauront peut-être un jour constituer la propriété des terres et des capitaux de manière à ce que le travail, le travail seul pourra les faire acquérir ou les faire conserver, de manière à ce que tous ceux qui seront également laborieux, également prévoyants, courageux et vertueux auront droit à la même rétribution. En vérité, pour une science, c'est une magnifique perspective. Ce serait vraiment de la justice, dans le sens que nous attachons à ce mot. Mais, dira-t-on, jamais vous n'atteindrez la perfection ! Non sans doute ; et la question n'est pas là. Il s'agit seulement de savoir si nous sommes dans le droit chemin, ou si nous prenons une route opposée. Or, si nous faisions fausse route, le principe de la Révolution serait une monstruosité, et l'Evangile, en disant aux hommes qu'ils sont frères, aurait proclamé une erreur. Non, l'économie politique ne fait pas fausse route, et alors peu importe que nous n'atteignions pas la perfection : nous atteindrons toujours le but que Dieu nous a assigné. Et puis, qui nous a dit que, si l'égalité s'établissait en entier sur la terre, il ne révélerait pas aux hommes une nouvelle phase à parcourir ? Mais, hélas ! la pratique de l'esclavage n'est-elle pas encore répandue sur les trois quarts du globe ? Cette abominable théorie ne sort-elle pas même encore de quelques bouches ? Que d'abus à écarter pour trouver la vérité ! que de ténèbres cachent l'éclatante lumière ! Il faut le dire, nous n'avons encore que des instincts d'égalité ; nous n'en sommes qu'aux premières notions de cette manifestation de la nature de l'homme, et c'est à peine si nous savons en balbutier le nom.

Nous ignorons, par exemple, d'après quelle base il faut considérer les divers travaux. Qui peut dresser l'échelle du mérite comparatif des différentes fonctions ? Les uns proclament hardiment l'aristocratie intellectuelle, les autres posent en principe l'équivalence des fonctions et ont déjà cherché à démontrer par la science le dicton populaire : « Il n'y a pas de sot métier, il n'y a que de sottes gens. » Sur ce point, le désordre des idées est complet. Où commence, où finit l'égalité des droits ? personne ne le sait. Toutefois, si la pratique participe des incertitudes de la théorie, on trouve dans une série de cas plus nombreux qu'on ne pense, l'égalité des salaires. Tel procureur du roi, tel contre-maître, tel commis, tel ouvrier, tel entrepreneur gagnent la même somme, de laquelle on peut, en tenant compte du jeu naturel de l'offre et de la demande, remonter à l'équivalence des fonctions. Mais, dira-t-on, cette égalité n'existe pas, puisque les uns reçoivent plus de considération que les autres. Admettons cette monnaie, fort légère d'ailleurs : nous la croyons utile. Pourquoi le procureur du roi, le contre-maître, le commis, l'ouvrier et l'entrepreneur que nous avons cités, n'en recevraient-ils pas une même somme, toutes choses égales

d'ailleurs? Il faut, pour toutes ces professions, une intelligence diffé-
rente; mais bien adroit serait celui qui en indiquerait les divers de-
grés! et puis l'intelligence est-elle le seul élément de la considération?
Les autres qualités du cœur et de l'esprit ne sont-elles comptées pour
rien, et la peine de l'ouvrier, les soucis de l'entrepreneur ne pèsent-
ils donc pas autant que les attributs nécessaires à un magistrat? Ne
voyons même que les faits d'intelligence. La diffusion des lumières
viendra signaler bien des préjugés, et montrera qu'il y a plus d'égalité qu'on ne pense entre l'art de résoudre des équations, par exemple,
et celui d'agencer des mécanismes; entre l'art de combiner toute une
bonne rotation de récoltes, et celui de rapprocher des appréciations
littéraires.

Ces considérations pourraient être multipliées à l'infini. Nous pouvons nous arrêter cependant, et dire de nouveau qu'on n'a point encore approfondi la base morale du salaire, pour établir la répartition
des profits du travail.

Cependant les communistes, en vertu de la théorie du dévouement
et de la fraternité chrétienne qu'ils transforment d'une part en *droits*
et de l'autre en *devoirs*, établissent la communauté des profits. Tout
est à tous. C'est le pouvoir qui est le grand répartiteur, et il faut qu'il
soit organisé d'une manière bien sublime pour fonctionner, pourvoir
à la subsistance et aux besoins de tous, ainsi que pour réclamer de
tous la coopération nécessaire. C'est là la difficulté qu'ont à vaincre
tous ceux qui, rentrant plus ou moins dans le communisme, ont ima-
giné la production par ateliers gouvernementaux, transformés en institutions militaires ou en escouades disciplinées, tous ceux aussi qui
croient qu'il suffit de prêcher la charité à tous les baptisés,

Ces divers systèmes, s'il était possible de les voir fonctionner, ne
tarderaient pas à démontrer l'impuissance radicale de leur principe.
Il faut méconnaître les premiers éléments de la science de l'homme,
pour croire qu'une circonscription quelconque d'habitants se prêtera
automatiquement à ce niveau bénévole. Il faudrait pour cela abnégation et dévouement de la part des chefs, par la seule force du principe
de charité et de fraternité. Eh bien! on a pu le voir à l'œuvre ce
principe fortifié même par le commandement religieux, et il n'y a qu'à
interroger l'histoire, qu'à regarder même autour de nous, pour voir
que les chefs eux-mêmes des sociétés religieuses le plus énergique-
ment constituées, ont été les premiers à méconnaître la charité et ont
constamment travaillé à la constitution des privilèges. Il y a deux
écueils dans la charité et la fraternité : d'un côté les paresseux, vivant
aux dépens des autres, sans travail; de l'autre les chefs, les puis-
sants, les adroits, accaparant, sous une forme ou sous une autre, les
profits, les honneurs, les avantages de toute sorte. Il suffit, ce nous
semble, d'ouvrir les yeux pour voir ce qui s'est passé, ce qui se passe,
et pour comprendre ce qui se passerait dans des associations semblables.

On ne saurait trop combattre l'illusion des esprits généreux qui comptent sur le dévouement des hommes pour aplanir d'une manière constante et universelle les complications sociales. Bien souvent, de grands désastres ont excité la pitié universelle ; cependant la charité n'a jamais été qu'une affaire de mode, et l'homme le plus pieux ne consent pas, en général, à sacrifier son bien-être. La morale évangélique est la plus charitable ; mais les catholiques et les protestants n'ont jamais pratiqué que l'aumône. Or, entre l'aumône et cette charité universelle sur laquelle on compte, il y a une distance incommensurable.

Ce n'est pas que nous voulions en rien nier la sublimité de la doctrine chrétienne. Nous avons adopté le principe d'égalité et nous avons dit comment il se rattachait aux doctrines économiques. Il est impossible, d'autre part, de ne pas admirer cette magnifique théorie de la fraternité qui serait le beau idéal d'une association dans ce monde. Tout serait dit, si on pouvait l'appliquer en entier ; nous aurions retrouvé le Paradis sur terre ; mais l'homme a en lui de nombreux mobiles qui l'empêchent d'obéir à ce généreux commandement. Quant à la loi, elle tend à devenir de jour en jour plus fraternelle. Ne cessons donc pas de nous entretenir de ces doux sentiments, de prêcher la fraternité, de la pratiquer, si nous pouvons. Recommandons-la sans cesse aux riches ; mais répétons bien aux pauvres qu'en l'exigeant, ils la transforment à l'instant, et par ce fait lui-même, en une manœuvre antisociale, en spoliation. C'est ainsi que le christianisme éclairé se voit réduit à prêcher la charité aux uns, et la résignation aux autres ; car la doctrine du dévouement est une doctrine de sentiment, et il est impossible de la traduire en droit par une formule politique et encore moins par une règle scientifique.

C'est un argument que les communistes ont pris à Morelly, qui le tenait, disent-ils, des apôtres ; savoir, que la justice distributive commande de répartir les richesses *à chacun selon ses besoins*. On ne peut nier la légitimité de cette formule, si l'on admet, par hypothèse et en même temps, que chacun apporte dans les travaux de la société un égal dévouement ; que la société sait précisément se donner une administration capable de faire cette répartition ; et, enfin, qu'elle peut produire en quantité suffisante pour satisfaire les besoins de tous. Avec cette triple hypothèse, personne ne serait en droit de nier la formule de Morelly ; mais il reste à convertir les hypothèses en réalités.

Nous nous sommes étendu sur la théorie communiste, parce qu'elle est à l'usage non-seulement du petit nombre d'hommes qui rêvent l'établissement d'un système de communauté, mais encore d'une très-grande quantité de personnes qui croient avoir donné une solution aux difficultés sociales, quand elles ont émis une de ces banalités sentimentales dont elles ne savent pas creuser les conséquences logiques, et que l'on retrouve si souvent dans les livres, les prônes, les articles de journaux, les romans, voire même dans les réquisitoires.

Les disciples de Saint-Simon admettaient, encore plus que les communistes et les *charitistes*, un travail fraternel, une abnégation complète chez le travailleur. Celui-ci était, selon eux , toujours doué de la vertu de reconnaître le plus capable, de se laisser commander par lui, et de s'en fier encore à la méthode hiérarchique, pour la distribution des profits. Dans le système, tel qu'il a été indiqué il y a quinze ans, chacun reçoit selon sa capacité, chaque capacité selon ses œuvres. Le talent constitue seul l'aristocratie; mais pour mesurer le talent, les capacités, il faut avoir recours à une hypothèse, le prêtre-couple, homme et femme, le plus aimant, le plus aimé, le plus capable de remplir toutes les conditions nécessaires pour faire le partage. Qui pourrait jamais douter que ce couple, si bien doué, ne s'attribuât la meilleure part? et, quant au reste, rien ne prouve qu'il ne serait pas distribué de la manière la plus déplorable. Il faudrait des anges pour qu'il en fût autrement; et c'est une vérité bien connue, que le gouvernement despotique serait le meilleur de tous, si les membres de la milice céleste se décidaient à accepter les fonctions de despotes.

Quant à Fourier, il a indiqué un mode de distribution encore plus artificiel. Dans la société de son invention, et que ses élèves n'ont pas perfectionnée, que nous sachions, les profits sont répartis entre le capital, le travail et le talent. Il n'a pas dit ce qui distingue le travail du talent : il eût été fort embarrassé de le dire, car le travail le plus brut, le plus matériel, est allié avec du talent; de même que le talent le plus subtil, le plus exquis, le plus éthéré, ne se manifeste que par un travail manuel. En effet, en classant le travail en travail purement manuel et en travail intellectuel, si c'était possible, il faudrait reconnaître : 1° que ce travail manuel se perfectionne par l'usage et s'imprègne de talent; 2° que le travail intellectuel est susceptible d'accumulation et passe à l'état de capital, pour former le capital moral. Les phalanstériens donnent *cinq* douzièmes au travail, *quatre* au talent, *trois* au capital. Ces proportions ne s'appuient sur aucune base rationnelle. Ils proposent d'aller aux voix pour déterminer ce qui est capital, ce qui est travail, ce qui est talent. Par suite du mécanisme des douze passions, ils ne votent jamais contrairement à l'intérêt du voisin. C'est encore l'illusion du dévouement. Les sociétaires ont le temps et le talent de voter, bien qu'ils ne travaillent que deux heures à la même besogne et qu'ils parcourent plusieurs groupes dans la journée; le même homme pouvant être capitaliste au n° 1, travailleur simple au n° 2, artiste au n° 3, encore capitaliste au n° 4, etc. Il faut, pour toutes ces opérations, une mémoire prodigieuse et une comptabilité bien organisée; car n'oublions pas que tout ce monde vit dans le phalanstère et consomme ce qui lui plaît, et dont l'individu, sans doute *passionné* pour la tenue des livres, doit tenir compte.

L'Académie voudra bien ne pas se méprendre sur ces critiques. Il y a dans tous les travaux des socialistes des preuves nombreuses de talent, des critiques vraies et savantes de l'ordre social actuel, des indications utiles. Rien ne sera perdu ; la science saura s'assimiler tout ce qui s'accorde avec la véritable manifestation de la nature de l'homme. Mais, avant tout, il y aurait de l'injustice à ne pas reconnaître que, si les diverses sectes socialistes ont jeté dans certains esprits des germes nombreux d'aberration, elles ont aussi puissamment contribué à répandre les idées de paix et de fraternité, et à poursuivre l'œuvre constante de l'économie politique, la réhabilitation du travail et de l'industrie. Mais ont-elles développé l'esprit d'association? On le dit généralement. Quant à nous, nous ne pouvons souscrire à cette opinion. Les écoles socialistes ont souvent inscrit le mot d'association sur leurs bannières ; elles l'ont invoqué comme formule magique dans le cours de leurs critiques ; mais elles n'ont rien précisé, et l'on ne peut tirer de leurs conseils rien de palpable ou de concret. Fourier seul a formulé des mécanismes d'association. Il y a de l'originalité, de l'imprévu, dans ses combinaisons de groupes, de séries et de phalanges; mais ce sont là des conceptions chorégraphiques, réalisables tout au plus pour l'enfance, plutôt que des combinaisons susceptibles d'une application universelle et sociale.

En concentrant ce que nous avons cherché à établir jusqu'ici, nous dirons :

1° Que l'expression des avantages de l'ASSOCIATION est un axiome de sens commun ; mais qu'on s'est mépris en y voyant un remède réel aux mauvais effets de la *concurrence ;*

2° Qu'on a suivi une illusion, en allant à la recherche d'une formule générale d'association acceptable et praticable, et autre que celle de la société actuelle, modifiable sans doute avec le temps, mais qu'on ne peut raisonnablement pas vouloir changer d'une manière absolue ;

3° Que, dans tous les cas, cette formule, si on la trouve un jour, devra tenir compte de la *liberté* de l'homme et de la *responsabilité* humaine, qui en est une conséquence ;

4° Que le *dévouement* et la fraternité, qu'on ne saurait d'ailleurs trop développer, ne pouvant être convertis en *devoirs* ou en *droits* par par la loi politique, ne sont pas des éléments d'une formule scientifique et rationnelle ;

5° Que pour trouver cette formule, il faudrait d'abord déterminer *à priori* en vertu de quels principes physiques et moraux les travailleurs doivent se grouper, s'organiser en fonctions, pour faire le plus naturellement possible les diverses espèces de travaux ;

6° Qu'il faudrait encore rechercher la base morale de la rétribution de ces divers travaux, ou, en d'autres termes, déterminer la valeur du travail humain.

III.

QUE L'ÉCONOMIE POLITIQUE PEUT SEULE RÉPONDRE TOUS LES JOURS DAVAN-
TAGE A LA QUESTION POSÉE PAR L'ACADÉMIE DES SCIENCES MORALES ET
POLITIQUES.

On va souvent chercher bien loin ce qu'on a sous la main !... Pourquoi, a-t-on dit, les hommes ne s'associent-ils pas, et pourquoi n'organise-t-on pas leur travail? Eh bien ! l'association existe et le travail est organisé! Ces deux institutions ne sont pas parfaites, mais elles fonctionnent mieux que par le passé, et tout porte à croire qu'elles fonctionneront mieux de jour en jour. Rien, d'ailleurs, ne prouve qu'il y ait lieu de les remplacer en bloc par de meilleures.

Mais quelle est donc cette association? D'abord, celle de la famille. — Les familles ont fondé la commune ; les communes sont réunies en nations ; les nations formeront un jour une alliance. La boussole, l'imprimerie, la vapeur, les postes, la télégraphie, le perfectionnement des voies de communication, en mêlant les hommes et les idées, dissipent les préjugés, fondent en un tout homogène les idées et les sentiments, et si c'est une utopie de prévoir la paix universelle pour demain, ce n'en est plus une que de la voir poindre dans l'avenir. La religion, la poésie, la science, l'industrie font déjà converger leurs efforts vers ce but; la politique de la paix doit en être évidemment la résultante.

Sous l'empire de la paix, avec le secours des voies de communication, c'est-à-dire avec une liberté pleine et complète, tous les éléments de cette grande association s'harmonisent ; une division spontanée des travaux s'organise ; les hommes se classent ; leurs droits et leurs devoirs se formulent. Ici la culture, là la fabrique, plus loin les arts et les sciences, partout les échanges. Mais que d'obstacles encore ! Il y a les préjugés qui conseillent aux nations de hérisser les frontières de tours et de piques ; il y a les préjugés qui leur conseillent encore de les garnir d'une ceinture de douaniers ; les préjugés qui défendent l'accès de telle ou telle profession; les préjugés qui anoblissent une profession plutôt qu'une autre; les préjugés qui concèdent des monopoles à ceux-ci, aux dépens de ceux-là; les préjugés qui obscurcissent la vue de ceux qui gouvernent, la vue de ceux qui sont gouvernés ; les préjugés de ceux qui, trouvant les hommes trop pauvres et trop nombreux, leur conseillent une nouvelle fécondité; les préjugés qui permettent à certains hommes de vivre dans l'oisiveté ; les préjugés qui font vivre les autres dans la misère. Et qui donc portera la hache dans cette forêt compacte? Qui? la science économique, la science sociale, qu'on l'appelle comme on voudra; cette science qui déterminera le rôle des instruments de travail, montrera de quelle manière ils doivent fonctionner dans l'intérêt de tous, et comment, les produits une fois obtenus, ils doivent être répartis parmi les hommes. Mais c'est notre programme! s'écrient toutes les écoles. — C'est votre programme, dites-vous? Nous connaissions vos prétentions, et nous ne voulons pas vous ôter l'honneur d'avoir, comme nous, un noble but. Toute la question est dans la voie que vous avez choisie. Les alchimistes aussi cherchaient la composition des corps ; mais ils se perdirent dans la folie du grand œuvre. Si vous persistez, le même sort vous attend. Si, au contraire, revenant sur vos pas, vous reprenez sans vanité les analyses faites par des savants très-dignes de votre estime, vous sentirez votre propre génie prendre une nouvelle force en mettant le pied sur la terre ferme, et qui sait alors si ce n'est pas à quelque adepte aventureux du socialisme que la science devra ses plus éclatants progrès? Mais, pour Dieu! ne niez pas ce qui est déjà démontré ; ou bien ne passez pas outre avant d'en avoir démontré la fausseté. Si vous voulez employer ce procédé, le seul loyal, le seul convenable, le seul possible, de deux choses l'une : ou vous renverserez la science adoptée pour la remplacer par une lumière plus vive; ou bien, nous le répétons, vaincus par la science, vous deviendrez vous-mêmes disciples soumis de cette même science.

Les hommes sont associés en familles, en communes, en nations. Ces associations s'améliorent. Qui peut dire que le Code n'a rien fait pour la famille, que nos lois ont oublié les communes? Et les nations, ne progressent-elles pas, ne s'organisent-elles pas? Nul ne l'ignore, il y a des tiraillements dans la famille, des dissensions dans la cité, des guerres civiles au sein des nations. C'est que le corps social et ses différents organes sont sujets à des maladies : maladies de croissance, maladies de langueur; les chocs y produisent aussi des contusions ; celles-ci amènent des plaies, celles-là engendrent la vermine. Hélas ! l'analogie est complète avec le corps humain, et le socialiste espérant, par le seul fait de la bonne volonté des gouvernements, obtenir le bonheur absolu, ressemble au docteur Paracelse, qui portait la panacée dans le pommeau de sa canne pour se soustraire à la fatalité commune.

Quand on examine l'ensemble de l'organisation sociale, on ne tarde pas à voir que toutes ces prétendues refontes qu'on nous a proposées ne sont, en définitive, que des imitations. S'il y en a qui aient critiqué la famille dans tous ses détails, qu'ont-ils promis à la place, grand Dieu! Parmi les réorganisateurs de la commune et de la cité, celui qui a dessiné le plan de réforme le plus complet, le plus original, le plus pittoresque, a été obligé d'accumuler une si grande quantité de ressorts et de contre-poids, que son mécanisme n'est pas viable. C'est donc avec raison que la société actuelle, telle que l'a faite la succession des temps, agira en entrepreneur prudent, en se bornant à améliorer l'organisation que ses pères lui ont transmise, et à laquelle ses ingénieurs apportent, quand ils peuvent, les modifications que la science et l'expérience démontrent. En ce qui concerne les nations, le socialisme les façonne à sa guise, comme il pétrirait dans ses doigts une cire malléable ; mais en pareille matière, soyons justes, il est peu d'hommes qui, se posant en socialistes et en organisateurs synthétiques, n'oublient que si la justice pouvait planer sur le monde, l'on verrait bientôt les provinces s'agglomérer en vertu de leur attraction naturelle, c'est-à-dire en raison de leurs intérêts, qui sont surtout en raison des localités qu'elles occupent.

Oui, l'association existe parmi les hommes ; elle a commencé le jour où le premier homme eut une compagne. Cette association a eu les diverses phases de l'humanité, et celle-ci n'a pas été barbare parce que l'association lui a manqué, mais probablement parce que les diverses évolutions qu'elle a subies étaient dans les secrets desseins de la Providence. Les faits qui se sont accomplis dans la suite des siècles sont la véritable et sûre manifestation de la nature même de l'homme, et la science consiste à formuler ce qu'ils ont eu de constant et d'universel. Ainsi, encore une fois, cette formule générale qu'on a cherchée ne sera probablement pas révélée d'un seul coup, mais elle continuera à se déduire providentiellement, à la suite du développement de la nature humaine. Ce n'est qu'en modifiant avec la science de l'avenir les données de la science du passé que l'on trouvera une formule plus perfectionnée. J'entends l'objection tirée des grands mouvements sociaux qui se sont accomplis. En fait d'idées sociales, il n'y en a qu'une qui soit apparue dans le monde et l'ait frappé de son éclat, c'est celle du Christ : «Hommes, vous êtes frères», a-t-il dit, et cette idée a remué le monde. Mais que de messies s'étaient annoncés avant lui ; que de messies nous a-t-on promis depuis ! Il n'y a qu'une chose à répondre aux messies modernes : «Pourquoi, vous aussi, ne faites-vous pas tomber des langues de feu sur ceux que vous voulez inonder de vos lumières? Quant aux révolutions sociales et rénovatrices, à la Révolution française, par exemple, qui ne sait que le dix-huitième siècle la portait dans ses flancs, et que les idées du dix-huitième siècle ont leur origine dans les siècles précédents? Les malheurs mêmes de la Révolution française n'ont pas été une cataracte sans cause, mais le résultat des obstacles incessants que le mauvais génie de l'homme avait accumulés sur les pas du grand fleuve du progrès. De tout temps, des insensés n'ont pas compris que les eaux ne remontent jamais vers leur source, et que les écluses qui ne s'ouvrent pas à temps sont toujours franchies et emportées.

En même temps que l'association naturelle subit d'incessantes évolutions que l'on n'aperçoit qu'au moment où elle éprouve le besoin de les formuler, les travaux de l'homme s'organisent spontanément et d'autant mieux que la liberté est plus grande. Quand le jardinier découvre une place qu'obstruait le feuillage, le soleil vient redonner de la vie à des germes engourdis, la nature agit, les plantes poussent et produisent. La liberté, pour l'homme, c'est le soleil qui féconde. Re-

montez de quelques années seulement dans l'histoire, voyez dans quel
état se trouvaient la plupart des branches de l'industrie humaine, à
l'ombre délétère des ronces de la féodalité. Des émondeurs sont venus,
et Turgot et la Constituante. Aujourd'hui, quelle magnifique plaine
de verdure en comparaison de ces marais fangeux! Voilà bientôt un
siècle que la science économique travaille à constater les bienfaits de
la liberté dans le domaine du travail; ce sera son éternel honneur, ce
sera l'une de ses préoccupations constantes; car, au fur et à mesure
que la société progresse, que les intérêts se diversifient, se croisent,
se compliquent, il se forme sur le corps social de nouvelles tumeurs
qu'il faut guérir. Ainsi, au moment où nous parlons, l'association
elle-même affecte les formes du monopole, et tandis qu'on attribue à
ce remède de magiques effets, le voilà qui produit des résultats nui-
sibles. La liberté n'est plus dans cette partie du travail; il faudra l'y
ramener, et la science viendra dire un jour, par la bouche d'un autre
Gournay, à ceux dont les intérêts font obstacle : « A votre tour, laissez
faire, laissez passer. » Aujourd'hui, sa tâche est de défendre ce principe, non-seulement contre les théories des inventeurs socialistes, mais
encore contre le monopole, qui se glisse partout astucieux et ram-
pant quand il est faible, audacieux et théoricien quand il est fort.
On le trouve dans tous les travaux, au sein des usines et sur les pas
du commerce. Aussitôt qu'une question du domaine du travail physique ou intellectuel s'agite, vous êtes sûr qu'il est en cause, assisté de
nombreux avocats, heureux s'il n'a pas soufflé sur l'esprit du juge
son venin empoisonné.

Mais la science ne se borne pas à émanciper le travail; elle lui dé-
voile sa toute-puissance par l'effet de sa division et de la répartition
des diverses productions entre les individus, entre les communes et les
cités et les nations du globe tout entier; de là découlent des perfec-
tionnements inattendus, les procédés scientifiques, les merveilles de
l'industrie et des masses de produits à distribuer à tous les hommes.
De la division du travail bien entendue, sagement appliquée, naît
pour les travailleurs le besoin de se rapprocher, de travailler de con-
cert, de s'associer, dans le sens naturel du mot, peut-être trop circonscrit aujourd'hui dans des combinaisons individuelles. La science
économique, qu'on a si mal jugée en n'examinant que la première
phase de la division, doit faire naturellement ce qu'on essaye de formuler en dehors d'elle. En suivant le jeu de cette division, on la voit
départager sans la décomposer, pour les besoins du travail et l'attrait
des profits, les associations naturelles de la famille et de la commune, en
divers membres qui se réunissent, s'associent en nouveaux groupes
producteurs de travail et de richesses, et qui, sous l'empire de la liberté,
se placent et se déplacent, selon leurs attractions, c'est-à-dire selon
leurs besoins ou leurs désirs. Adam Smith a plus fait pour la civilisation en proclamant la loi qui inaugure son immortel ouvrage, que

le plus grand écrivain qu'on pourrait citer. Il a ouvert la carrière ; à d'autres la continuation de l'œuvre pour compléter les bases de la constitution du travail, de la véritable organisation du travail qui doit ressortir de la nature des choses, y compris la liberté, et qui ne sera pas une vaine formule comme celles qui sont sorties soi-disant complètes et parachevées de la tête d'une série de Jupiters modernes.

Parler du travail comme instrument de production, c'est parler de l'homme, du principe de population en un mot.

La science économique a encore, sur ce point capital, un grand penseur qui, après avoir réuni en faisceau des idées éparses, et analysé un grand nombre d'observations personnelles, a montré aux hommes que c'est en vain qu'ils emploieraient les meilleurs procédés pour créer la richesse, que c'est en vain qu'ils sauraient la répartir de la manière la plus équitable et qu'ils en feraient la consommation la plus judicieuse, s'ils n'usaient de leur liberté et de leur prudence pour se proportionner à la quantité de travail disponible et de subsistances produites. Des questions de toute nature sur les droits et les devoirs de l'homme viennent se rattacher à la doctrine du principe de la population, admis aujourd'hui par les économistes. La plupart de ces questions sont vidées pour eux, mais combien la vérité est encore peu connue ! Il semble qu'en ce point elle doive passer par des phases aussi pénibles que la notion de la monnaie, dont l'absence a plongé l'Europe dans la plupart des complications protectionnistes et douanières qui la préoccupent encore de la manière la plus grave.

La science économique a trouvé la propriété individuelle établie ; elle en a étudié la constitution avec une entière indépendance, et bien qu'elle en reconnaisse les services, notamment en ce qui touche son efficacité sur la formation des capitaux, c'est elle qui a su donner les plus sages avis sur les modifications à apporter au monopole de la terre, à l'emploi du capital. Elle a reçu dans son sein les savants qui sont venus expliquer la théorie de la rente, elle fera de même envers ceux qui viendront avec des recherches, autres que des assertions vagues et sentimentales, lui apporter des notions plus intimes des profits et des salaires, qui varient suivant une infinité de causes, mais qui ont, à coup sûr, un rapport bien constant avec le nombre des travailleurs : trop bas, si les travailleurs naissent et s'accumulent sur un point en trop grand nombre ; plus élevés, si les travailleurs savent se proportionner à la quantité de travail disponible. C'est là une question brûlante, au sujet de laquelle on reproche à la science d'être impuissante, parce qu'on s'obstine à voir en elle une collection complète de secrets sociaux, tandis qu'elle ne peut que représenter à ceux qui l'étudient le résultat des observations intelligentes que quelques savants ont su faire. Mais, quelle est donc la science qui a jeté le plus de jour sur les profits et les salaires ? Qu'ont pu la morale et la philosophie, et la religion et la politique, si ce n'est s'indigner tour à tour contre ce qui est l'inconnu pour elles? L'économie politique proclame de dures vérités, ramène les cœurs et les esprits dans le domaine du possible. Est-ce elle qui rend les services les moins efficaces?

Ce sujet nous entraînerait bien loin. Pour dire tous les avantages d'une science, sans doute il faut la dire tout entière; cependant, quand on a rappelé qu'une science étudie tout ce qui peut être naturel, juste et scientifique dans le domaine du travail, pour la possession des instruments de ce travail, pour l'usage qu'on en doit faire, pour la circulation de la richesse, pour la répartition et l'emploi le plus profitable aux sociétés, il semble qu'on en ait dit assez pour établir sans réplique l'utilité de pareilles recherches, et l'avantage qu'il y aurait à vulgariser le résultat des recherches déjà faites.

Or, s'il est vrai que la plupart des principes contenus dans les livres des maîtres de la science ne peuvent plus être contestés par ceux qui veulent étudier et qui ont de la bonne foi, l'on ne doit pourtant pas ne pas se fatiguer de répéter que ces principes sont tous les jours méconnus en France, par la majorité des ministres, des pairs, des députés, des administrateurs, des magistrats, des agriculteurs, des manufacturiers, des négociants et, en général, par la majorité des producteurs, au grand détriment des consommateurs, c'est-à-dire au profit d'un bien petit nombre, et au détriment de tous. Un jour, on ne les consignera plus dans les livres, ils seront tombés dans le domaine public; ils auront cours comme des axiomes; ils se perdront dans la masse des idées que chaque génération qui commence reçoit en dépôt de la génération qui disparaît. Mais en attendant, nous sommes, *économiquement* parlant, dans de grandes ténèbres. Or, ces ténèbres ne sont pas celles que les nations ont toujours devant elles, et qu'illumine sans cesse, à mesure qu'elles se forment, le progrès de l'intelligence humaine; mais bien les noires ténèbres de l'ignorance, au sein desquelles on semble même chercher à voiler les points lumineux qui les blanchissent encore.

En fait, et dans presque tous les pays, la vérité économique sommeille dans les livres, où l'esprit des Quesnay, des Turgot, des Smith, des Malthus, des Say, des Ricardo l'a déposée. Personne n'a encore osé arborer franchement, complétement, sur les hauteurs du pouvoir, le drapeau de la science, de peur d'être renversé par des coalitions brutales d'intérêts lésés ou se disant tels, agissant au nom de principes faux qu'ils croient souvent vrais, et ayant de nombreux échos dans toutes les classes de la population, dans toutes les nuances politiques. On ignore les vérités les plus simples, d'où découleraient naturellement des solutions qu'on cherche tous les jours et partout ailleurs que là où elles sont. On dépense du temps, du talent, du génie même à dresser sur un terrain mouvant des contre-vérités qui viennent démentir et l'expérience du passé et celle de l'avenir. Les assemblées législatives, les commissions, la presse, les congrès, les comices dé—

crivent, dans la recherche d'une nouvelle route, des courbes souvent fantastiques , au lieu de prendre la bonne voie sur laquelle il faudrait concentrer les efforts pour la dégarnir des obstacles que l'ignorance y a accumulés.

Mais, quelle est donc cette bonne voie? nous crie-t-on de plusieurs points à la fois. Nous répondons : ce n'est pas celle que vous prenez au hasard, un beau matin que vous daignez vous occuper des intérêts sociaux ; ce n'est pas celle du monopole et du privilége, ni celle du préjugé soigneusement entretenu par l'intérêt particulier ; ce n'est pas la route de ceux qui vont et viennent sans boussole, affirmant et se contredisant suivant le point de vue où ils se trouvent, tristes jouets d'une espèce de mirage social qui fascine leurs regards ; ce n'est pas celle des charlatans ou des habiles qui mentent à l'espèce humaine, et pour cause; ce n'est pas celle des poëtes qui franchissent l'espace, les temps, pour se transporter dans un autre monde ; ce n'est pas même celle de l'homme de génie qui devine la lumière, mais qui ne peut la faire comprendre avant qu'elle surgisse à l'horizon, par les hommes qui ne sont pas, comme lui, doués de la seconde vue.

Cette science est celle de la raison qui analyse avec patience les phénomènes qui se développent sous ses yeux, dans le domaine de l'industrie, au fur et à mesure que l'homme adapte mieux les instruments du travail à ses besoins, et qu'il se présente ensuite dans la société, comme copartageant dans le résultat de ce travail. Dans la recherche de la vérité économique, la raison fait appel à toutes les conquêtes de l'intelligence humaine ; elle éprouve ses méthodes et ses classifications ; elle creuse ses principes, perfectionne ses démonstrations; elle observe les résultats des institutions et des expériences économiques dans le présent et dans le passé ; elle médite sur l'avenir ; et si elle ne conclut pas toujours, c'est qu'elle ne peut faire davantage. Et qui donc lui ferait le reproche de ne pas avouer pour siens ces prétendus observateurs, compilateurs de chiffres, qui ne font pas plus de la statistique que celui qui ramasse des cailloux ne fait de la minéralogie ou de la géologie ; ces soi-disant économistes qui parlent et écrivent *ab hoc et ab hac*, mêlant le vrai et le faux, et fabriquant je ne sais quel tissu inextricable avec des erreurs de tous les temps et de tous les lieux ; ces soi-disant économistes pratiques qui se croient la science infuse, et qui ne se doutent pas qu'ils ont, semblables au lièvre de la fable, pris la lunette par le mauvais bout, en s'enrichissant ou même en se ruinant dans la culture ou dans l'usine, dans le magasin ou dans le bureau, ou bien encore en alignant des hommes, des maisons, des chiffres ou des phrases.

La vérité est au fond d'un puits ; c'est Dieu qui l'y a mise. Les hommes ont fait des escaliers à ce puits ; ces escaliers descendent plus ou moins bas. Or, l'escalier économique est en construction depuis bientôt un siècle. Que ceux qui ne veulent pas se perdre dans tous ces chemins ou se noyer dans l'abîme, daignent prendre la rampe.

Nous ne nions pas qu'il n'y ait, par le temps qui court, des esprits forts qui puissent descendre cet escalier même quatre à quatre, redresser en route des erreurs commises, s'avancer plus loin et revenir avec une onde plus pure ; mais nous dirons avec l'Evangile : « *Ex operibus eorum cognoscetis eos.* »

Qu'on ne s'y méprenne pas : l'économie politique est la science des amis intelligents de l'humanité, la science de ceux qui veulent appliquer, dans le domaine du travail, l'égalité et la liberté conquises par nos pères : en un mot, elle analyse ce qui est dans l'ordre naturel et elle en conclut ce qui doit être conformément à la nature des choses. A ce point de vue, même avec le champ restreint que nous pouvons lui assigner dans l'état actuel de nos connaissances, l'économie politique est encore celle de toutes les sciences qui importe le plus pour le développement matériel et moral du genre humain, celle des sciences morales qui est la plus utile pour les gouvernements dont la principale occupation doit être *l'amélioration de la classe la plus nombreuse et la plus pauvre.* Cette formule qui a été mise en honneur par l'école saint-simonienne, et qui exprime nettement la tendance pratique des doctrines sociales depuis 89, est parfaitement conforme à ce qu'ont écrit les physiocrates, puis Adam Smith, Turgot et les autres économistes éminents. Nous l'avons retrouvée dans Malthus, si légèrement apprécié jusqu'à présent.

Disons-le hautement, l'économie politique a toujours été socialiste, dans le sens favorable que l'on attache à ce mot ; car elle s'est toujours proposé d'entretenir le plus grand nombre d'hommes et de leur procurer la plus grande somme d'aisance ; car elle s'est toujours préoccupée des besoins physiques, intellectuels et moraux des masses. C'est par ignorance qu'on a attaqué des études qu'on n'a pas comprises, et qu'on a dédaignées parce qu'elles n'avaient trait qu'à la richesse absolue, abstraction faite des hommes. Le but direct de la science étant l'amélioration du sort des hommes, aucune recherche n'est inutile, pas même celle qui semble n'avoir pas de rapport avec ce but. Une analyse est complétée par une autre, et tel travail qui paraissait stérile, devient fécond au moment où l'on s'y attendait le moins. Qui aurait dit, quand on faisait les premières observations magnétiques, qu'un jour les études de détail d'Ampère, d'Œrstedt et des autres physiciens aboutiraient à ces merveilleux télégraphes qui semblent devoir être les filets nerveux des empires, comme les voies de communication en sont les artères ? Il faut tenir compte de toutes les aptitudes. Il y a des esprits qui se complaisent dans les recherches abstraites ; il y en a d'autres qui préfèrent s'appuyer sur les faits. La science a besoin de tous les efforts, et nous ferons observer en passant que celui-là prend la tâche la plus agréable qui ne s'arrête qu'au côté le plus brillant des choses, effleure les difficultés, se complaît dans les banalités de la philanthropie, ou étale un grand luxe de promesses au nom d'une théorie impuissante.

En concentrant encore ce que nous avons cherché à établir dans cette seconde partie de ce travail, nous dirons :

1° Que les véritables associations générales et possibles sont celles qui de tout temps se sont formées naturellement ; et que la *famille*, la *commune* et la *nation* suffisent aux besoins de l'ordre social ;

2° Que, pour toutes les associations particulières, il n'est guère possible de comprendre la recherche d'un procédé absolu et complet, capable de couper les maux de l'humanité à leur racine ;

3° Que, dans tous les cas, l'ensemble des études qu'embrasse l'*économie politique* est seul capable de guider les hommes dans toutes les questions relatives au travail, et que cette science est indispensable pour aller à la découverte des moyens naturels, vraiment capables d'améliorer le sort des travailleurs.

IV.

DES MOYENS GÉNÉRAUX DE COMBATTRE LA MISÈRE.

Nous devons faire une première observation : c'est que, dans ces derniers temps, on a un peu exagéré la misère. Premièrement, en perfectionnant les études statistiques, on a pu sonder mieux les repaires du vice, on a mieux pu compter les haillons du malheureux ; on a connu au juste l'état déplorable de plusieurs classes laborieuses qu'on a crues victimes de l'état social actuel, tandis qu'il est vrai de dire que les sociétés qui ont précédé la nôtre ont eu bien plus de plaies encore. En second lieu, comme les écrivains ont voulu frapper l'imagination du lecteur, ils ont confondu la *pauvreté* avec la *misère*, ce qui est bien différent ; ils ont fait dire aux relevés statistiques un peu plus qu'ils ne voulaient dire.

De ces deux observations découle un premier résultat consolant, c'est-à-dire l'existence d'un peu moins de misère qu'on n'en avait d'abord supposé.

Une fois la pitié publique soulevée, on est parvenu à lui persuader qu'on avait, pour remédier à la misère, des moyens pour ainsi dire instantanés. De là bien d'honnêtes illusions, mais cependant des illusions. Un grand nombre de publicistes ont parlé de l'*association* et de l'*organisation du travail* ; nous avons vu qu'il n'y avait dans ces mots que des vœux, et des vœux inintelligents. D'autres ont présenté des systèmes et se sont dits prêts à se mettre à l'œuvre. Ils n'ont convaincu pour ainsi dire personne ; leurs essais particuliers ont avorté, et tout porte à croire qu'ils auraient encore moins réussi, si le gouvernement s'en était mêlé. Presque tout le monde a crié haro sur la concurrence, mais on a enveloppé dans ce mot mal défini, la liberté du travail ; et comme il aurait fallu, en suivant les réformateurs, revenir à l'ancien régime, les propositions de ce genre n'ont pas eu le moindre écho sérieux.

Les efforts se sont alors portés dans une autre voie. On a dressé une liste plus ou moins exacte des causes immédiates de la misère, et on a proposé des remèdes partiels plus ou moins héroïques. Les éléments de cette vaste enquête existent dispersés dans une série de publications dont plusieurs ont été provoquées par le concours-Beaujour ; mais l'analyse patiente et éclairée de toutes ces causes, de leur filiation, de leurs rapports, et des circonstances modifiables qu'elles présentent, n'entre pas dans notre plan qui ne nous permet pas de nous engager en dehors de la question d'ensemble [1].

En général, dans un milieu social quelconque, tout ce qui n'est pas conforme à la morale et à la justice est cause de misère ; tout ce qui n'est pas conforme à la nature des choses, à la vérité économique, à la science, est cause de misère ; ceci plus directement que cela. Il serait difficile de faire un relevé exact de tous les rouages spéciaux qui fonctionnent irrégulièrement aujourd'hui. C'est un travail de tous les jours que le progrès moral et politique ; c'est aussi un travail de tous les jours que le progrès scientifique. Que si l'on insistait pour avoir une réponse moins générale, nous dirions que tout abus qui nuit à la liberté des travailleurs, à la libre circulation des produits, au jeu naturel des instruments de travail, au développement des sciences, des arts, etc., etc., nuit à la création de la richesse et est cause de misère. Nous voilà donc ramené de nouveau vers le vaste programme de la science économique. Nous ne devons pas évidemment donner ici le détail de ce programme ; mais nous sommes autorisé à conclure qu'il est impossible de s'occuper avec intelligence, avec avantage des moyens d'améliorer le sort des classes pauvres, de démêler dans le mécanisme des sociétés les causes modifiables de la misère, sans avoir profondément réfléchi sur l'économie des nations. En suivant une marche contraire, en ne s'inspirant, comme on le fait le plus souvent aujourd'hui, que de son bon cœur, ou de sa vanité, ou de l'esprit étroit d'un parti et d'une coterie, on s'expose à devenir le jouet des illusions d'optique sociale, à prendre le préjugé pour du bon sens, à confondre les effets avec les causes, et finalement à pousser l'opinion et les administrations publiques et privées dans la voie de l'erreur.

Il y a une grande division à faire entre toutes les causes de la misère sur lesquelles il est possible d'agir. L'on doit distinguer celles que la société, représentée par les pouvoirs publics, doit chercher à faire disparaître, et celles qui restent à la charge de l'individu condamné à lutter avec elles.

---

[1] Depuis que ceci est écrit, plusieurs publications récentes ont sérieusement traité des causes de la misère et des moyens d'y remédier. Nous citerons surtout l'ouvrage de M. A. Clément : *Recherches sur les causes de l'indigence* ; et l'ouvrage de Th. Fix, *Observations sur les classes ouvrières.*

Il appert de cette classification élémentaire que les réformes politiques, administratives, quand elles sont bien entendues, agissent puissamment sur les causes modifiables de la misère. Reste à savoir comment doivent être ces réformes. Ici apparaissent de formidables questions sur la forme et la nature des gouvernements et des pouvoirs publics que nous ne voulons pas aborder. Tout ce que nous pouvons dire, c'est que les gouvernements et les administrations s'exposent, eux aussi, à de singuliers mécomptes, quand ils n'ont pas étudié l'économie des nations à la tête desquelles ils sont placés. Nous devons ajouter que c'est surtout par la voie de l'enseignement que l'on peut parvenir à donner aux fonctionnaires publics et aux citoyens l'intelligence et le courage nécessaires pour s'acheminer largement dans la voie du progrès, dans la voie où se présentent le moins de causes de misère. Ici surgissent encore de bien grandes questions que nous n'aborderons pas non plus. Il nous suffira de faire observer que l'enseignement doit comprendre les notions de toutes les connaissances les plus positives et qui touchent aux besoins et aux tendances de la société, auxquelles il est souvent inutile et toujours dangereux de résister.

Je viens d'indiquer la manière générale dont la société, l'État peut s'occuper de l'amélioration du sort de tous, et surtout de la classe la plus pauvre et la plus nombreuse, au dernier échelon de laquelle se trouvent les misérables. Nous aurons dans quelques instants l'occasion de revenir sur quelques moyens plus spéciaux encore, employés par l'Etat; mais avant il nous faut préciser la part qui incombe à l'individu.

Dans quelque milieu social que l'homme seul ou chef de famille se trouve, et alors surtout qu'il a le bonheur d'être citoyen d'un pays libre dans lequel la réforme des lois et les progrès des institutions ne dépendent plus que de l'accord des pouvoirs fonctionnant sous l'action immédiate de l'opinion publique, la PRÉVOYANCE est le seul principe auquel on puisse demander une amélioration efficace de la condition matérielle des classes pauvres; à l'aide de laquelle, l'instruction aidant, elles peuvent s'élever à une meilleure condition morale.

Mais qu'entend-on par prévoyance? sans doute l'ardeur au travail, la modération dans les dépenses, l'ordre et l'économie qui permettent au présent de recueillir des ressources pour l'avenir. Tout le monde est d'accord jusqu'ici, tout le monde proclame l'*imprévoyance* comme cause générale de misère; mais, chose vraiment singulière, peu de personnes veulent ou osent accuser la plus funeste des imprévoyances, celle du père de famille. Bien que l'illustre Malthus l'ait signalée depuis un demi-siècle, il est encore utile de s'y arrêter longuement, quand on recherche les moyens les plus efficaces d'élever les classes pauvres à une meilleure condition.

Au-dessus de toutes ces questions qu'embrasse la science du travail, plane la fatalité du principe de population, qui, s'il n'est contenu dans de justes limites par la liberté et la prudence des pères de famille, ne tarde pas à dépasser le niveau des subsistances, à constituer dans plusieurs industries, et comme c'est le cas général en Chine et en Irlande, etc., un excès de population en disproportion avec le capital existant et le travail disponible, et à causer non-seulement la misère d'abord, les maladies et la mort ensuite, mais encore les dissensions, les guerres, les haines des classes entre elles, les crimes, la prostitution et toute l'effroyable légion de vices qu'il n'est plus possible de guérir, au moins sur les pauvres victimes qu'ils atteignent.

Cette assertion ne saurait encore manquer d'attirer à ceux qui la font publiquement les réclamations les plus vives et les plus opposées sur sa fausseté, sur sa dureté, sur le *droit* qu'a le pauvre de faire beaucoup d'enfants, sur le *droit* qu'il a de vivre, sur son *droit* au travail, et autres formules qu'on débite un peu légèrement aux classes laborieuses; car, riches et pauvres seraient bien cruellement déçus si un beau jour il prenait à ces derniers l'envie de proclamer ces théories sur la place publique. Il faudrait un volume pour soutenir le principe de population contre toutes les attaques; ce volume est fait, c'est l'*Essai* de Malthus; tous les économistes de l'Académie des sciences morales et politiques le connaissent et l'admirent, et c'est avec ce livre en main, qu'à cette question : « Quelles sont les causes de la misère », nous répondons : « La cause principale de la misère, c'est l'*excès* de population, qui propage les misérables. »

Maintenant quels sont les remèdes à cette principale cause de misère? Il y en a de deux espèces : l'un, que la Providence inflige impitoyablement comme punition, c'est la mort, précédée souvent du cortége des vices; l'autre, c'est celui que l'homme libre et raisonnable peut appliquer lui-même, en s'abstenant du mariage, quand il n'a pas de quoi nourrir lui, sa femme et les enfants qu'il veut avoir; ou bien, s'il est marié, en ne donnant pas le jour à plus d'enfants qu'il n'en peut nourrir. C'est ce que Malthus a appelé la contrainte morale, c'est ce que nous appellerons de la prudence et un devoir. Entre ces deux remèdes, le choix n'est pas douteux pour l'homme.

Il faut enseigner universellement l'impossibilité radicale où se trouvent les gouvernements et les sociétés de proportionner le travail et surtout la nourriture à une population qui se reproduit sans frein, de sorte que la mort moissonne, avant l'âge, ceux qui sont nés de parents imprudents, et ce, malgré la charité, malgré une meilleure distribution de la richesse, malgré l'émigration dans les pays inhabités, malgré la mise en culture des terres incultes, malgré les pommes de terre, les soupes économiques des philanthropes, etc., etc., qui ne sont que de faibles palliatifs en présence de l'énergie du principe de population. Les preuves de cette assertion, l'Académie le sait, se trouvent dans le livre que nous venons de citer et qu'ont si bien apprécié feu Charles Comte, son secrétaire perpétuel, et M. Rossi; le premier dans une notice, le second dans une introduction, qui inaugurent la nouvelle édition de ce célèbre travail resté jusqu'ici sans réponse [1].

Une meilleure distribution de la richesse, supposez-la autant égale, autant chrétienne, autant communiste que possible, ne ferait, sans la prévoyance, que précipiter l'action du principe de population : en vingt-cinq ans, en cinquante ans, le nombre des hommes aurait atteint la limite du possible. On a dit que tout progrès dans la répartition, en élevant le niveau du bien-être, donne naturellement aux populations cette vigueur morale qui rend la prévoyance possible. On a eu raison, mais on a très-probablement eu tort d'en conclure qu'il était inutile de recommander en même temps la pratique de cette vertu, sans laquelle une exacte distribution de la richesse, qui n'est autre chose que l'application de la justice, ne peut contribuer efficacement à développer les bons sentiments de l'homme, et constituer l'un des meilleurs moyens d'améliorer sa condition matérielle et morale.

Je crois pouvoir avancer que l'Académie n'a qu'une très-maigre confiance dans les ressources de la charité individuelle; c'est un sentiment, l'expérience le prouve, qu'il faut sans cesse provoquer par de nouvelles démonstrations, par l'attrait des plaisirs, par des agaceries adressées, si je puis dire, à la vanité, qui ne procure, en définitive, que des ressources éphémères, comme le disait si bien M. Bérenger en présidant dernièrement la Société de patronage. C'est une vertu, quand elle est intelligente, qui n'est susceptible de développement que chez certaines organisations bien rares, et à laquelle les besoins de la vie opposent, chez la plupart des hommes, une barrière infranchissable. Quant à la charité inintelligente et à la charité *légale* ou officielle, elles conduisent toujours, plus ou moins, à la taxe des pauvres, et c'est une démonstration déjà faite que celle de sa triste influence.

Or, l'esprit de prévoyance doit être chez l'individu avant que la société vienne à son secours. Si celle-ci prend l'initiative, elle crée le paupérisme et la mendicité; elle démoralise, elle manque son but. Ce que la société doit aux classes pauvres, ce sont des lois justes, qui assurent la liberté du travail et en conservent les fruits; ce sont des lois, des impôts qui n'empêchent pas les consommations nécessaires, indispensables au développement des facultés physiques et intellectuelles, composant tout le capital du travailleur; c'est l'enseignement de la science, c'est la vérité; mais il ne faut jamais perdre de vue que l'ouvrier est le principal, sinon le seul artisan de son bien-être. Quand on lui promet autre chose, on lui promet ce qu'on ne peut lui tenir, on lui prêche une utopie. Sans doute, la société peut aider le pauvre, l'encourager dans ses efforts, lui aplanir quelques difficultés; mais les institutions qui atteignent ce but exigent encore, pour porter leurs fruits, que ceux qui veulent participer à leurs bienfaits invoquent la prévoyance et soient les premiers et les principaux agents de leur bien-être. Toute institution charitable, de bienfaisance et de prévoyance publique, qui s'écartera de ces principes, aboutira plus ou moins aux excès de la loi des pauvres, si cruellement expérimentée en Angleterre. Il reste à démêler, par une intelligente analyse des faits, ce qu'il y a aujourd'hui de vraiment social ou d'abusif dans les institutions modernes qui fonctionnent au nom de la bienfaisance publique, dont on n'a pas encore une notion suffisamment exacte. Mais tout n'est pas fait quand on est parvenu à se former une notion saine des inconvénients de la charité; les institutions qui ont pris racine dans nos habitudes et dans nos mœurs soulèvent, dans la pratique de l'administration, des questions fort complexes qui nécessitent le sacrifice sinon du principe, qui doit toujours être vigoureusement proclamé, mais de l'application immédiate et entière. A dire vrai, l'étude scientifique de ces questions commence à peine. L'économie politique a pour mission d'éclairer les voies, d'analyser les procédés; mais il y a à faire, en dehors d'elle, une foule de recherches statistico—morales sur les maux de l'humanité, le tout avec discernement. Les tours, les hospices, les hôpitaux, les maisons d'aveugles, d'aliénés, de femmes enceintes, les prisons, etc., ne sont pas des institutions de même ordre : il y a de jeunes prisonniers à remettre sur la bonne voie, des malheureux indigents à secourir, des victimes de la prostitution à protéger, de pauvres petits à faire vivre, si l'on peut, en leur rendant des mères; oui, tout cela est à faire, jusqu'à ce que la prévoyance et toutes les vertus qu'elle comprend, l'amour du travail, la sagesse dans les consommations, l'économie intelligente, la prudence dans le mariage, l'ordre dans toutes les affaires de la vie, soient tellement entrés dans les mœurs, que la charité individuelle suffise aux malheurs imprévus, et que la charité légale ne soit plus obligée de fonctionner que pour soulager des maux inévitables, des catastrophes imprévues.

Nous nous sommes arrêté sur ce point pour bien expliquer notre pensée au sujet de Malthus, dont le savoir et le noble caractère nous ont inspiré cette reconnaissance que tous les hommes doivent aux bienfaiteurs de l'humanité. Nous tenons à dire aussi que nous n'étions pas plus malthusien que Malthus.

Au sujet des émigrations et des colonisations sur lesquelles l'opinion publique semble tant compter aujourd'hui pour le soulagement du malaise, je me bornerai à dire qu'Adam Smith, Malthus, J.-B. Say et M. Rossi ont réduit à leur véritable expression les services de second ordre qu'on peut en attendre. Elles sont coûteuses pour la société; tyranniques pour le pauvre qu'on exile; insuffisantes, puisqu'elles ne retirent guère que quelques milliers d'hommes de certains pays où l'excès se mesure par millions. Quant à cet argument des terres incultes et des pommes de terre, etc., il ne signifiera quelque chose que lorsqu'on aura prouvé : 1° qu'une terre en friche coûte moins à mettre en culture qu'une terre déjà cultivée coûte à améliorer, et qu'on aura d'ailleurs des capitaux disponibles pour cet usage ; 2° que ces terres peuvent donner assez de pommes de terre pour faire face à l'excès de population ; 3° qu'il est bon de propager les hommes quand on n'a que des pommes de terre et des soupes économiques à leur offrir. Car j'aimerais presque autant, pour soulager la misère, le procédé de la guerre, s'il n'était tout aussi barbare et moins effectif.

Mais il faut bien s'entendre sur l'excès de population. Quand la population est dans un rapport favorable avec le capital et le travail disponibles, c'est-à-dire quand les parents peuvent nourrir leurs enfants en bas âge et leur donner les soins nécessaires, quand ce mêmes enfants trouvent sans trop de peine une place dans le monde, que la concurrence des bras n'est pas mortelle ; oh ! alors, la famille est une bénédiction du Ciel ; il n'y a pas excès de population. Mais quand deux époux, modestes et travailleurs, voient leurs enfants passer de la crèche à la salle d'asile, et de celle-ci à la manufacture, alors qu'ils devraient courir dans la prairie, sous les yeux d'une grand'mère attentive, il n'y a pas à s'y tromper, l'excès de population existe pour cette famille, dont les chefs ont ignoré et méconnu la prudence, et dont les privations, les maladies et les tortures morales sont l'inexorable châtiment. Or, ici, de deux choses l'une : ou ces deux époux peuvent réformer en eux quelques vices, et les remplacer par des enfants qui coûtent encore moins, suivant la judicieuse observation de Franklin ; ou bien ils sont, comme c'est encore très-souvent le cas, assez rangés pour tout consacrer à la famille, alors, nous le demandons, sur quoi peut porter la prévoyance ? Ce n'est ni sur les avantages de la caisse d'épargne, ni sur toute autre institution, c'est sur l'usage de leur propre liberté ; le devoir leur commande de ne pas faire de nouvelles victimes, jusqu'à ce qu'ils aient surmonté les obstacles et retrouvé une meilleure position.

Toute la question est maintenant de savoir lequel des deux cas se présente le plus souvent dans un ensemble de misères donné : de celui de deux conjoints qui sont dans la peine par manque d'ordre, ou de celui de deux conjoints qui n'ont pas trop de vices, mais trop d'enfants à nourrir. Il s'agit de savoir, en dernière analyse, si les misérables de l'industrie et de la localité que l'on considère souffrent parce qu'ils sont trop imprévoyants, ou parce qu'ils sont en nombre trop disproportionné avec la demande du travail et la quantité des subsistances : il faut naturellement faire abstraction des crises et des autres événements indépendants des classes souffrantes. Je ne sais si je me suis trompé, mais jusqu'à ce jour mes observations m'ont fait surtout voir, dans les divers cas de misère que j'ai étudiés, la cause principale sur laquelle je viens d'insister.

On objecte bien que les progrès de l'agriculture et ceux de l'indus-

trie en général viennent contrebalancer ceux de la population. Eh bien!
si nous admettons le fait pour l'ensemble d'une nation considérée à
deux époques différentes de son histoire, cela n'empêche pas que telles
classes, telles familles n'aient souffert de cette imprévoyance fondamen-
tale. Il est d'ailleurs facile de comprendre le progrès général en toutes
choses, parallèlement avec l'accroissement des misérables. D'où il résulte que s'il est absurde de penser que le progrès est cause de misère,
on peut bien dire, ce me semble, que le progrès scientifique, indus-
triel et agricole, etc., n'est pas un remède suffisant contre la misère.
Améliorez la culture en Irlande tant que vous voudrez, mettez ce pays
dans les mêmes conditions politiques que l'Angleterre, la France ou
les Etats-Unis, supprimez l'absentéisme, et vous n'aurez pas fait
grand'chose tant que vos mesures ne coïncideront pas avec la prévoyance des pères de famille qui peuplent trop ce pays malheureux [1].

Il n'y a pas, il est vrai, de nations civilisées qui ressemblent à cette
île désolée ; mais il y a beaucoup de localités en Europe qui se rapprochent de cet état dégradant de misère, et où les familles vivent dans
la saleté et la vermine, mangeant à peine leur soûl de pommes de
terre, et fournissant de nombreuses victimes aux vices des villes et à
l'émigration.

V.

CONCLUSION.

Voici maintenant les conclusions générales que nous sommes en
droit de formuler :

1° L'extinction radicale de la *misère* ne serait possible qu'avec
l'extinction totale du *vice*, qui ne s'amende que lentement, sous l'influence d'une sage hygiène sociale.

2° La disparition de la misère, abstraction faite du vice, par un
spécifique social et susceptible d'être découvert, est une utopie.

3° La diminution graduelle du paupérisme est un problème qui
n'est pas directement soluble : cette solution dépend de toutes les améliorations physiques et morales résultant de la civilisation qui avance,
et qui parvient à combattre les ravages du vice, à prévenir les fautes
de l'imprévoyance individuelle, et à diminuer les erreurs du gouvernement et de l'administration.

4° Il est possible de remédier à la misère des familles qui reçoivent
un salaire suffisant, en faisant pénétrer chez elles le désir de la prévoyance et de l'épargne. On parviendra à ce but par une saine instruction donnée non-seulement à ces classes, mais encore aux classes su-
périeures qui sont en contact avec elles, dont les conseils et l'exemple
ont une si grande influence sur leur esprit et leur conduite, et dont

---

[1] Si les réformes politiques, religieuses et économiques doivent être utiles dans ce
pays, c'est surtout en surexcitant le sentiment de dignité, précurseur de celui de prévoyance.

plusieurs membres sont souvent les plus dangereux provocateurs de la dépravation et de l'immoralité.

On parviendra encore à ce but, en instituant les établissements qui, à l'instar des caisses d'épargne, des sociétés de patronage ou des caisses de secours, peuvent faciliter les économies, faire soutenir les faibles par les forts, et liguer les travailleurs contre les chances de chômages et de maladies. Mais on n'a pas encore bien défini la nature des institutions existantes, ni bien précisé jusqu'où elles fonctionnent utilement, et où commence en elles l'action dissolvante de la charité légale ou administrative.

5° Il n'est possible d'améliorer le sort des familles qui reçoivent des salaires médiocres, insuffisants, qu'en faisant pénétrer chez elles la nécessité absolue de la première de toutes les prévoyances : la prudence dans le mariage, sans laquelle le nombre des hommes fait baisser le taux des salaires, augmenter le prix des subsistances, engendre le vice et la misère, et la mort qui les moissonne avant l'âge, prudence qu'aucune amélioration sociale ne peut remplacer.

6° Comme tout progrès dans le développement moral et physique du genre humain réagit sur le bien-être, il ne faut pas cesser de demander le meilleur gouvernement, l'administration la plus sage, la justice la plus intègre, la plus grande vulgarisation des sciences et des arts.

7° Comme il est évident que l'économie politique est de toutes les sciences celle qui contient le plus de principes et de questions intéressant directement la production de la richesse et sa répartition équitable entre les hommes, c'est-à-dire le bien-être ; comme elle est par ce seul fait la première de toutes les sciences morales, on ne saurait trop en répandre l'enseignement, afin que toutes les questions soient examinées par des hommes compétents, afin que les expériences se multiplient, afin que les propositions puissent être soumises au crible de l'opinion publique, afin que le savoir fasse place à l'ignorance dans l'esprit de tous, de ceux qui gouvernent comme de ceux qui obéissent, de ceux qui font les lois comme de ceux qui les exécutent. La connaissance des choses telles qu'elles sont, telles qu'elles peuvent être, suivant les lois de la nature, aide les hommes à lutter contre les préjugés et contre les priviléges ; elle les guide dans la demande de ce qui est possible, et leur permet tôt ou tard d'obtenir ce qui est juste ; elle les protége contre les épidémies morales causées par ces aventuriers de la pensée, qui jettent dans le monde un mélange confus de vérités et des erreurs ; elle leur inculque enfin ces idées d'ordre et de prévoyance, de sagesse et de dignité, sans cesse prêchées par les maîtres de la science, et sans lesquelles toutes les améliorations imaginables seraient, pour les classes les plus pauvres, presque sans but et sans portée.

En dernière analyse, nous proposons, pour combattre la misère, la diffusion des lumières. C'est un moyen bien connu, mais, peut-être, est-ce le seul capable d'élever les classes laborieuses à une meilleure condition matérielle et morale. C'est ce qu'ont bien senti ceux dont le mauvais génie a toujours redouté le résultat contraire !

P. S. — Telle était, sauf quelques nouvelles considérations pour légitimer mon opinion, tant sur la prévoyance que sur les palliatifs proposés comme remèdes directs contre la misère, la réponse que j'ai cru pouvoir faire au programme de l'Académie, demandant : « Les moyens les plus efficaces d'élever les classes pauvres à une meilleure condition matérielle et morale. » Cette conclusion a été aussi celle de l'honorable rapporteur qui a dit en finissant son remarquable travail : «A présent, on le sait mieux que jamais, c'est dans la faiblesse intellectuelle et morale des populations que réside la cause principale de leurs souffrances. »

Nous arrivons donc, dans l'ordre des faits économiques, à la proposition que Malebranche a inscrite sur le frontispice de son livre : *l'erreur est la cause de la misère des hommes.* Ainsi se trouve aussi vérifiée en partie cette autre proposition de Montaigne : *tout vice vient d'ânerie.* Celle-ci est peut-être trop absolue ; mais il est désormais démontré que la plupart des vices et la misère ont pour cause première l'ignorance qui maintient le désordre moral, le désordre économique et le désordre politique.

J'aurais donc vu avec une grande satisfaction l'Académie, pour faire suite aux deux premiers concours du prix Beaujour, appeler l'attention des concurrents sur l'instruction et l'éducation, considérées principalement dans leurs rapports avec le bien-être et la moralité des classes pauvres, si elle n'avait pas, malheureusement pour moi du moins, circonscrit la question dans un cercle trop restreint et exclusivement pédagogique, dans l'examen critique du système de Pestalozzi ; ce système ne peut en effet être apprécié que par d'anciens élèves de ce philanthrope, car je pense qu'en matière d'enseignement, tant vaut l'homme, tant vaut le système.

Cependant l'honorable rapporteur, après avoir émis une opinion très-flatteuse pour mon Mémoire, m'a reproché ma conclusion incomplète : « Il est fâcheux, a-t-il dit, que l'auteur de ce Mémoire n'ait rien ajouté à ces conclusions. Evidemment, partout, la misère des classes laborieuses résulte bien moins de l'insuffisance de leurs moyens d'existence que du défaut de réserve et de sagesse qu'elles portent dans leurs actes. Y a-t-il des mesures propres à les amener dans la voie de l'ordre, de la prévoyance, de l'économie ? Des associations sagement fondées pourraient-elles contribuer à refréner et à contenir les penchants à la dissipation et à l'intempérance qu'elles doivent en partie au manque de culture intellectuelle et morale ? »

Ce passage m'a inspiré quelques réflexions qui rentrent naturellement dans le sujet de mon Mémoire.

D'abord l'honorable M. Passy pose en fait que la misère des classes ouvrières résulte bien moins de l'insuffisance des salaires que du défaut de prévoyance. A l'appui de cette opinion, il a cité un jour à l'Académie des ouvriers de fabrique qui, avec des moyens d'existence supérieurs à ceux de beaucoup d'employés, menaient cependant une vie plus misérable. L'observation de M. Passy est exacte ; mais si nous allons au fond des choses, nous trouvons que la prévoyance des employés dont il est ici question comprend, presque toujours, non-seulement l'ordre, l'économie, la modération dans les dépenses, la régularité dans le travail, mais encore la réserve et la sagesse du père de famille. L'employé se marie avec plus de circonspection, et, une fois marié, il a moins d'enfants. Il appartient déjà à une classe supérieure, il craint de déchoir, et il se sent constamment aiguillonné par le principe de dignité qu'il s'agit de faire pénétrer chez les classes ouvrières. Je n'admettrais donc complétement l'assertion de M. Passy que s'il donne au mot *prévoyance* toute l'extension qu'il comporte, et si dans la sagesse qu'il conseille aux classes pauvres, il comprend celle que Malthus a mise au premier rang, et sans laquelle, on ne saurait trop le dire, ces classes ne pourraient profiter des réformes politiques, des progrès de la civilisation et de tout ce qu'on peut faire plus directement pour elles.

M. Passy demande ensuite s'il y a des mesures propres à amener les classes ouvrières dans les voies de la prévoyance, de l'ordre et de l'économie. La réponse ne peut être affirmative. Mais quelles sont ces mesures ? évidemment celles qui peuvent s'enseigner ou au moins se discuter dans un cours de morale et d'économie politique. Car ces mesures comprennent d'une part la modification de tout ce qui vicie directement les mœurs, et de l'autre la modification de tout ce qui est anormal dans l'économie des nations.

Mais fallait-il entrer dans le développement de ces mesures ? fallait-il résumer tout ce que les économistes ont proposé plus directement en faveur des classes pauvres ? Je ne l'ai pas compris ainsi en lisant le programme de l'Académie ; et je me suis borné à indiquer la voie dans laquelle se trouvent disséminés tous les éléments de solution du problème de la misère, si vaste et si complexe. Je dois dire que j'ai considéré la nécessité de l'esprit d'ordre et d'économie, comme un axiome de sens commun, sur lequel j'ai eu sans doute tort de ne pas insister, mais que je suis loin de *dédaigner*[1]. En ce qui touche le principe d'association, je suis aussi loin d'en *contester* les avantages : ce que j'ai seulement voulu contester, c'est l'association considérée comme panacée universelle et sociale, c'est la vertu magique des formules. J'ai dit tout le parti qu'on pourra tirer de l'étude des faits qui se sont accomplis à

---

[1] Voir le Rapport de M. Passy dans le *Journal des Économistes*, n° 45, tome XII, page 48.

l'aide des divers modes d'association, dans le commerce, dans l'industrie, et aussi dans le domaine de la prévoyance et de la charité. Je crois qu'il est fort utile d'étudier désormais, avec le plus grand soin, la marche des institutions et des associations capables de faciliter les économies pour subvenir aux mortes-saisons, aux maladies, à la vieillesse. Je crois qu'il est utile de les faire connaître par l'enseignement et la presse aux classes pauvres ; mais si les services des caisses d'épargne et des caisses de secours mutuels sont démontrés, il y a encore beaucoup à faire pour consolider ces dernières, et tout est à faire ensuite pour ces caisses de retraite, dont on a tant parlé sans trop s'entendre. Si ces considérations sont les moyens de fonder et de développer de pareilles associations, et d'autres pouvaient rentrer dans l'énoncé de la question de 1842, il m'a encore semblé qu'elles ne faisaient plus partie du programme de 1844. Si je n'avais point pensé ainsi, je me serais bien gardé de concourir, car un pareil travail n'est possible qu'après une enquête et des recherches que, pour mon compte, je n'ai pas encore achevées.

EXTRAIT DU RAPPORT DE M. PASSY

SUR

LE SECOND CONCOURS BEAUJOUR.

Le tort des Mémoires nᵒˢ 16 et 3 est d'avoir trop accordé à la puissance bienfaisante de l'association ; le tort des mémoires nᵒˢ 19 et 6, dont il nous reste à vous rendre compte, est de l'avoir trop dédaignée ou contestée.

C'est cependant un Mémoire très-bien fait que celui qui porte, avec le nᵒ 19, l'épigraphe suivante : *Science, liberté, égalité.* Tout ce qu'a de chimérique la recherche d'une formule générale d'association y est savamment démontré, et les nombreuses erreurs des disciples de Saint-Simon, d'Owen et de Fourier y sont exposées sous leur véritable jour. L'auteur entre à cet égard dans des détails qui attestent toute l'étendue de ses connaissances. Si d'autres ont expliqué comme lui quelle violence devait subir la nature humaine dans ces agrégations artificielles où le travailleur prudent et vigoureux resterait à la merci de compagnons sans vertus et sans activité, seul il a nettement démontré que la concurrence qu'on voudrait bannir entre individus renaîtrait plus formidable entre les associations elles-mêmes, et leur rendrait aggravées des misères inévitables. A son avis, les véritables associations sont celles qui, de tout temps, se sont formées naturellement, et la famille, la commune, la nation suffisent à tous les besoins de l'ordre social. Nulle combinaison factice ne saurait les remplacer avec avantage ; car les faits accomplis dans la suite des siècles sont la manifestation régulière et sûre de la nature de l'homme, et la science n'est dans la vérité qu'autant qu'elle se borne à formuler ce qu'ils ont eu de constant et d'universel.

C'est dans la culture de l'économie politique, ajoute-t-il, qu'il faut chercher le secret des améliorations dont l'état social devient susceptible ; mais, quelle que soit l'influence du progrès des institutions, nul ne découvrira le moyen de couper à leur racine les maux auxquels l'humanité est en butte, et les réformateurs modernes qui nous annoncent qu'ils l'ont découvert s'abusent étrangement.

Quant à la misère, l'auteur pense que, de nos jours, on en exagère un peu l'intensité. Partisan des doctrines de Malthus, il ne la croit excessive que là où la population surabonde, et en voit le remède dans un développement moral qui conduirait les hommes à ne s'engager dans les liens du mariage qu'après avoir amassé des ressources et sagement considéré les éventualités de l'avenir.

Il est fâcheux qu'il n'ait rien ajouté à ces conclusions. Évidemment, partout, la misère des classes laborieuses résulte bien moins de l'insuffisance de leurs moyens d'existence que du défaut de réserve et de sagesse qu'elles portent dans leurs actes. Y a-t-il des mesures propres à les amener dans les voies de l'ordre, de la prévoyance et de l'économie ? Des associations sagement fondées pourraient-elles contribuer à réfréner et à contenir les penchants à la dissipation et à l'intempérance qu'elles doivent en partie au manque de culture intellectuelle et morale, mais en partie aussi au régime de l'atelier et aux excitations d'un travail monotone et trop continu ? Cette partie si importante de la question, l'auteur semble l'avoir dédaignée ; et c'est un reproche que nous sommes d'autant plus en droit de lui adresser, que le talent et les connaissances dont il a fait preuve attestent qu'il était en mesure de la traiter avec succès.

Le Mémoire est écrit d'un style clair, vif, mais un peu pressé. Il semble que l'auteur ait eu hâte d'en finir et se soit abstenu comme à dessein d'entrer dans le détail d'idées justes et bien arrêtées, qui ne pouvaient que gagner à être plus amplement développées.

...Voyez quel bien ont commencé à produire des institutions auxquelles personne ne songeait il y a un demi-siècle. Déjà les caisses d'épargne, en recueillant et faisant valoir ses économies, excitent le pauvre à les multiplier. Voici maintenant des caisses de retraite qui lui offrent le moyen de pourvoir aux besoins de l'âge où ses bras affaiblis ne peuvent plus le nourrir, et leur succès en Angleterre garantit qu'elles ne tarderont pas à prendre racine dans d'autres contrées. Eh bien, des combinaisons tontinières, des sociétés de secours mutuels, pourraient aussi fournir de précieuses sûretés contre les accidents qui surprennent ceux dont la subsistance dépend du prix variable d'un travail quotidien. C'était une noble tâche de rechercher quelles sont, parmi ces sortes d'institutions, celles qui, dès à présent, sont acceptables et celles qui ne tarderont pas à le devenir ; et cette tâche était digne des plus distingués d'entre les écrivains qui ont pris part au concours. Si la science ne doit pas se hâter de conclure, s'il est indispensable qu'elle consulte soigneusement les faits accomplis, elle est tenue cependant de se souvenir que les sociétés marchent et se transforment, et que le passé ne contient pas toujours la véritable mesure des possibilités de l'avenir... (*Journal des Économistes*, n° 45, tome XII, page 48.)

www.ingramcontent.com/pod-product-compliance
Lightning Source LLC
Chambersburg PA
CBHW051348060726
47596CB00004B/1814